COUP D'ŒIL

SUR

L'EXPOSITION DE PEINTURE

DE SAINTES

COUP D'ŒIL

SUR

L'EXPOSITION DE PEINTURE

DE SAINTES

Extrait du journal la *Gironde.*

L'Exposition de peinture de Saintes a été ouverte le 15 janvier, dans les salles de l'Hôtel-de-Ville, ainsi qu'on l'avait annoncé. Nous arrivons un peu tard pour vous en parler, mais nous aurons l'avantage de l'avoir vue au complet. Entreprise par les soins des exposants eux-mêmes, MM. Auguin, Courbet et Pradelles, auxquels a bien voulu se joindre M. Corot, elle ne comptait d'abord que 155 toiles ; aujourd'hui, elle en présente plus de 200. Cette idée, heureuse en elle-même, l'est encore à un autre titre, comme œuvre de bienfaisance : le prix d'entrée est perçu au profit des pauvres. Les artistes sont « amoureux du bien comme du beau, » de même que les poètes. Aussi, quand il y a quelque bien à faire, une misère à secourir, on les voit toujours offrir les premiers le concours de leur travail et de leur talent. Puisse au moins l'œuvre de ceux-ci leur apporter avec elle une bien légitime récompense, en contribuant à leur popularité et à leurs succès futurs !

Saintes ne possède malheureusement pas, comme plusieurs grandes villes de province, une Société des Amis des Arts. Aussi, disons-le d'abord, pour les étrangers et pour ceux qui n'auraient pas l'avantage de la voir, cette exposition n'a rien d'officiel ; ici, point de jury, point de médailles ni de récompenses proposées. Les artistes ont simplement voulu mettre sous nos yeux, sauf quelques toiles plus anciennes, leur travail de l'année. Retirés près de Saintes, au Port-Berteau, travaillant tantôt isolément, tantôt ensemble, ils ont, par un beau jour, réuni et transporté en quelque sorte leurs ateliers dans la ville et invité le public à venir les visiter. Cette franchise est loin de nous déplaire. Dans les grandes expositions, tous les tableaux posent devant les visiteurs, pour ainsi dire ; rien n'a été négligé dans leur toilette pour les mettre en état d'affronter l'œil scrutateur du jury et du critique. Ici, presque tous se montrent en déshabillé ; nous pénétrons dans l'intérieur de l'artiste, nous pouvons voir et étudier de près ses procédés. Ainsi, sur plus de 150 numéros que nous offrent les trois principaux exposants, il y en a un assez bon nombre d'achevés ; d'autres auxquels, outre le vernis, il ne manque plus qu'un dernier coup de pinceau ; d'autres sont des études ou de simples ébauches. Il y a là pour quelques mois beaucoup de travail, et quoique l'on doive dire qu'en peinture, comme en poésie, « le temps ne fait rien à l'affaire, » il faut reconnaître que ces messieurs n'ont pas perdu le leur.

Nous ferons encore une observation générale : c'est que la plupart des tableaux sont des paysages. Cela devait être : MM. Corot et Auguin peignent exclusivement ce genre, et M. Courbet paraît s'y adonner maintenant. Ainsi, il n'y a de figures que deux ou trois toiles de lui, et une partie de l'exposition de M. Pradelles, qui a aussi fourni son contingent au paysage ; enfin, on vient d'exposer plusieurs portraits et études par MM. Sotta, de Saintes.

Après cet inventaire de l'ensemble, passons à l'étude des artistes et de leurs œuvres ; et, d'abord, commençons par le maître qui a fait à ses jeunes amis la gracieuseté de s'unir à eux.

M. Corot.

Quoique M. Corot soit une vieille connaissance, il est pour nous toujours jeune, toujours charmant, et toujours nous aimons à le revoir. Jamais nous ne l'avons mieux vu qu'ici : il a envoyé neuf toiles. On sait par quel côté riant il voit la nature, et avec quelle gracieuse facilité il sait la peindre. Ne lui demandez pas les grands effets, les aspects saisissants, les scènes tourmentées : il ne va pas chercher si loin les sujets de ses tableaux : il aime le calme et le silence. Une nappe d'eau et quelques touffes de verdure éclairées par une lumière voilée que tamisent les blanches vapeurs d'un matin printanier ou les nuages d'une tiède journée d'été, lui suffisent.

Si le sujet est simple, l'exécution l'est encore plus. Vue de près, la toile paraît à peine touchée : point d'empâtement, point de teintes vives, à peine un léger relief ; et cependant, à distance, l'effet est délicieux. Il faut donc bien le reconnaître : il y a là un art d'autant plus savant, qu'il ne se laisse pas voir ; il y a cette douce et si belle chose que ne devraient jamais perdre de vue l'artiste qui peint, sculpte ou compose, le poète qui chante et la femme qui se pare : *l'adorable simplicité*. Oui, et d'autant plus adorable chez M. Corot, qu'à travers elle il nous fait apercevoir dans ces humbles sites, à côté desquels nous passerions indifférents, quelque chose de large et de poétique qui nous retient et nous émeut. Cependant, c'est cette simplicité des moyens employés par l'artiste qui a fait quelquefois accuser ses tableaux de n'être que de gracieuses esquisses. Esquisses, si vous voulez; et qu'importe, après tout, si l'effet n'en est pas moins produit? Mais nous croyons le reproche trop absolu. Il est vrai que dans plusieurs toiles de M. Corot il serait difficile de distinguer à l'écorce, aux branches et aux feuillages, quels arbres il a voulu représenter. Allez avec lui sur le terrain, mettez-vous à son point de vue; vous ne verrez pas mieux que lui les détails de ce coin de la nature qu'il met sous vos yeux; mais vous saisirez avec lui des effets auparavant inaperçus, vous embrasserez tous les charmes de l'ensemble.

La nature, dans son immense variété, a mille aspects divers qui changent et se renouvellent à l'infini, sans jamais s'épuiser. Quel que soit le génie d'un artiste, la portée de son coup-d'œil, la compréhension de son esprit, il n'arrivera jamais à les embrasser tous, pas plus que le même savant ne pourra lui ravir tous ses secrets. On a dit de deux célèbres natura-

listes qu'ils étaient variés et grands comme
la nature qu'ils ont étudiée et décrite : il ne
faut voir là qu'un éloge hyperbolique, men-
teur comme toutes les hyperboles. Dans l'œuvre de l'homme, bien moins vaste et moins
multiple que l'œuvre de Dieu, n'avez-vous
pas des spécialités et des genres divers? Heureux sans doute l'artiste qui pourrait tout
saisir! Mais puisque c'est impossible, pourquoi
ne pas vouloir que chacun suive la pente où
son instinct le guide? C'est à cette liberté qu'il
doit d'être lui-même. Laissez Claude et Pous-
sin nous peindre les grandes lignes de leurs
paysages imaginaires; Salvator Rosa, les gor-
ges abruptes des Apennins, refuge des bri-
gands parmi lesquels il vivait; Cuyp, les belles
vaches au milieu des gras paturages de la
Hollande. Permettez aussi à M. Corot de n'ê-
tre ni Marilhat, ni P. Flandrin, ni Cabat.

Il est vrai qu'il nous ramène à la *Maisonnette* et à la *Mare d'eau*, et nous fait ou-
blier le paysage à grand style. Tout en ai-
mant celui-ci, nous nous gardons bien de dé-
daigner le sien ; ce n'est pas une épopée, mais
une charmante idylle; elle nous fait sentir un
côté de la nature, qui a aussi son originalité
et qui fait celle de l'artiste. Qu'il la garde
donc avec ses défauts, s'il en a : ce sont des
défauts de jeunesse dont il est désormais trop
tard pour se corriger. Tout ce que nous lui de-

mandons, c'est de continuer à produire des œuvres comme les petites toiles que nous avons sous les yeux.

Etang de Ville-d'Avray. Un étang, bordé de touffes d'arbrisseaux; sur un côté une maison, qu'on dit celle de l'artiste; au dessus, des nuages qui flottent dans un ciel tranquille, et avec cela de l'air, de l'espace; le tout forme un ensemble des plus simples et des plus attrayants. *Le Marais*, de moindre dimension, a le même caractère. On peut en dire autant des *Buveurs* : ils sont là trois ou quatre attablés sous une tonnelle, devant une maisonnette, goûtant avec leur vin l'ombre et le frais. *Paysage, effet du soir*, d'un ton plus prononcé.

Les quatre paysages qui viennent ensuite pourraient servir de réponse aux reproches faits à M. Corot d'esquisser seulement ses tableaux : rien de net et de vrai comme le premier, qui est une *Vue prise à Mantes*. Un chemin bordé de prés et d'arbres, conduisant à un pont dont on aperçoit dans le lointain quelques arches à travers des arbres, et vers lequel se dirige lentement une femme qui pousse une vache devant elle : c'est bien dessiné et plein de franchise. Le suivant : *Vue du port de la Rochelle*, n'est que tours et murailles blanches; nous n'avions jamais rien vu de pareil de M. Corot. Il montre qu'il sait aussi bien poser les assises de pierres que suspendre les nuages dans le ciel; l'aspect du lieu est fort bien saisi, et la lumière fait merveille. Le dernier a quelque chose du précédent : c'est un *Vieux pont* massif avec une tour, en flanc et par derrière des bouquets d'arbres, le ciel est des mieux réussis. Le *Moulin de Courpignac* est dans le mode gracieux et voilé des premiers que nous avons décrits. Nommons enfin, pour ne rien omettre, le *Paysage d'Italie*, simple ébauche, où l'on peut encore reconnaître la touche du maître.

M. Auguin.

M. Auguin est un artiste qui nous plaît infiniment pour les mêmes raisons qui nous font aimer M. Corot et pour d'autres encore : Il a, en effet, un rapport si frappant avec lui, qu'on le prendrait, et que nous l'avons pris à première vue, pour son élève. Cependant, il ne doit qu'à lui-même cette manière de voir la nature, comme M. Corot, sous un aspect voilé, doux et calme qui porte à la rêverie. En outre, il affectionne les scènes étendues, les horizons lointains, les effets de lumière, et ne recule pas devant le grand paysage. Puis, son *faire* est tout entier à lui, car M. Auguin est un peintre très consciencieux et plein de respect pour son art. On voit qu'il a observé les maîtres, et, ce qui vaut encore mieux, qu'il a dû longtemps étudier et dessiner sur nature.

Grâce à un travail sérieux et répété, M. Auguin s'est fait un style propre et un style des plus purs, ce qui n'est pas un mince mérite à notre époque. Chez lui, rien de jeté au hasard, rien de fait à demi, ni d'indiqué que ce qui doit l'être. Disposition des plans, dessin et couleur se fondent dans un ensemble harmonieux, où l'on trouve nettement rendues ces trois choses capitales sans lesquelles il n'y a pas de paysage : l'air, l'espace et la lumière. Il réussit surtout à peindre la lumière, et l'on voit qu'il a étudié avec assiduité ce côté si difficile du genre. Il nous la montre à toutes les saisons de l'année et à toutes les heures du jour, tantôt faisant miroiter la surface limpide des eaux, tantôt dorant et empourprant l'horizon avec l'aurore, ou se jouant au crépuscule sur la cime des arbres ; tantôt se mêlant aux vapeurs matinales de l'automne ou égayant d'un rayon encore tiède la mélancolie des journées d'hiver. Nous croyons que c'est là le côté excellent et original de l'œuvre de M. Auguin, celui qui en fait le charme et la poésie.

L'artiste serait trop heureux s'il ne payait d'un ou deux défauts des qualités si remarquables. Dans la recherche constante des effets lumineux, et en se tenant toujours dans le ciel, il oublie un peu trop la terre. Ce n'est pas pour le seul plaisir de nos yeux que la lumière colore le nuage, repousse l'ombre et se joue à travers la feuillée ; elle apporte aussi avec elle la chaleur qui fait fumer le sol humide de rosée, monter et circuler la sève dans l'écorce des arbres et dans les fibres des plantes, qui donne l'éclat à la verdure, le lustre au gazon et ne touche rien sans le vivifier. M. Auguin, croyons-nous, préoccupé des effets dans les régions élevées, néglige trop de voir ou de nous faire voir les autres effets de ce travail inférieur, terrestre et mystérieux. On n'aperçoit pas assez sur ses terrains et dans ses plans le reflet des prairies, la rosée scintillant aux bouts des brins d'herbe ; on ne sent pas la moiteur des mousses et la forte odeur des épaisses touffes de verdure. Pour résumer en quelques mots notre observation, nous dirons que, dans certaines parties de ses paysages, la nature manque de sève et de force vitale.

Nous pourrions ajouter aussi qu'il y a chez lui un peu d'uniformité et quelque goût pour les horizons plats ; mais ne faut-il pas plutôt s'en prendre aux sites qu'il a représentés, presque tous choisis dans un rayon assez étroit, aux bords de la Charente, sites riants plutôt qu'imposants et accidentés ? D'ailleurs, la manière heureuse dont il les a sentis et rendus montre assez ce qu'il saurait faire en variant ses modèles et ses inspirations.

Disons-le encore : puisque depuis quelques mois M. Auguin travaille côte à côte avec M. Courbet (deux extrêmes qui se touchent !), il pourrait lui emprunter quelque chose de son exécution vigoureuse et de son relief. On peut même croire qu'il l'a déjà fait, à voir la manière plus décidée de ses dernières études.

M. Courbet pourrait, de son côté, prendre quelque chose du style si distingué de M. Auguin. Ce sont des échanges qu'on peut faire entre camarades sans cesser d'être soi.

Nous parlons de M. Auguin en toute sincérité et sans idée préconçue, ne l'ayant pas assez connu jusqu'ici à notre gré. Nous pouvons n'être pas compétent pour juger le peintre, mais nous le sommes, comme le premier venu, pour sentir l'artiste ; car il est artiste autant que tout autre. La critique savante pourra lui faire encore quelques observations, mais elle lui doit aussi des éloges et des encouragements. Il est aujourd'hui, par nature et par étude, en possession de son art : que lui reste-t-il donc à faire ? Oser davantage ; se compléter sous quelques rapports plutôt que se rectifier ; ce qu'il a est bon ; il s'agit d'acquérir le bon qui lui manque, et il pourra prendre rang parmi nos meilleurs paysagistes, où nous sommes étonné qu'il n'ait pas déjà une place plus marquée encore que celle qu'on lui donne.

Cette appréciation générale du talent de M. Auguin nous rendra plus facile l'appréciation de ses principaux tableaux.

Signalons d'abord ses deux maîtresses toiles : *le Soir au Port-Berteau*, et *le Bouquet d'ormes sur la Charente*, effet du soir. Dans la première, le soleil couchant teint l'horizon de ses rayons empourprés qui se réfléchissent sur la rivière et viennent expirer derrière un massif d'arbres dont le feuillage assombri se projette sur le flanc d'un rocher que la nuit gagne déjà comme eux. Il y a là une étude bien entendue des effets de l'ombre et de la lumière, qui se marient heureusement sans se heurter. Dans la seconde, les rayons dorés du soir se répandent sur la rivière et sur la campagne, dans des espaces qu'on dirait infinis, sans rencontrer d'autre obstacle qu'un beau bouquet d'ormes qui semblent heureux de leurs dernières caresses : motif simple et sans recherche qui produit un effet ample et gracieux à la fois.

Ces deux tableaux, qui sont comme les deux pendants, se distinguent par une manière franche et décidée que l'artiste semble avoir heureusement adoptée depuis peu.

La *Charente au port Berteau*, matinée, grande et belle toile, ne le cède pas aux précédentes, quoiqu'elle en diffère par l'exécution. Des arbres élancés, la rivière, des collines, un vaste horizon, le tout encore noyé dans les transparentes vapeurs du matin ; c'est peut-être un peu plat, mais c'est doux et attachant, et l'on ne s'aperçoit pas que les premiers plans sont restés inachevés. C'est là la manière ordinaire de M. Auguin, qui rappelle celle de M. Corot avec tous ses charmes. Il en est de même du *Coucher du soleil sur les bois,* de la *Source de la rivière.* Ce dernier tableau est, à notre sens, le plus poétique de tous ceux de l'artiste : il respire un calme délicieux qui nous fait rêver le repos sous les beaux arbres, au doux murmure de cette source limpide; mais peut-être n'y trouverait-on pas dans les herbes, dans les bois, assez de sève et de sauvage verdure.

C'est le défaut que nous avons cru remarquer en général dans l'œuvre de M. Auguin, défaut dont il se corrige déjà, mais qu'on rencontre à des degrés divers dans quelques-unes des toiles suivantes : *Paysage au Port-la-Pierre, Prairie Port-la-Pierre*; une autre *Prairie au Port-la-Pierre, Les Chênes verts,* effet du soir. Dans toutes ces grandes peintures, M. Auguin paraît jouer avec la lumière sans la moindre difficulté; partout les ciels sont beaux et l'air limpide. C'est ce qui se remarque encore, mais avec une autre gamme de couleurs dans les charmants petits tableaux qui viennent ensuite: *Les Bois,* effet d'automne; *Coucher du soleil en décembre, Belle journée d'hiver, Vallon, Soleil couchant d'hiver.*

Nous avons loué le dessin chez M. Auguin : il ne le néglige dans aucun de ses tableaux; mais si l'on veut voir de plus près avec quel soin il feuille ses différents arbres, reproduit la rugosité des écorces, les détails de terrain,

etc., on n'a qu'à regarder ses belles études
d'après nature : *Paysage d'automne*, Port-Berteau; *Dessous de bois*, automne; *Paysage d'automne*; *Garenne basse de Bussac*, soir; l'*Automne au Port-Berteau*. Cette dernière est la
plus remarquable : l'ampleur du travail n'y
fait rien perdre à la correction, et l'on peut
dire de toutes que ce ne sont point là de ces
arbres fantastiques dont on s'est plaint souvent avec trop de raison.

Enfin, à l'appui de ce que nous avons dit
sur la tendance de M. Auguin à donner un
ton plus vivace à ses plans, plus de sève à sa
végétation, nous citerons, outre ses deux
grandes premières toiles, *Vallon du Gros-
Roc*, fraîche et belle étude|; *Rochers*, site li-
mousin (collaboration Courbet et Auguin) : —
il y a là un pan de prairie sur lequel la main
de M. Courbet a dû passer; *Gros-Roc*, qui a
bien inspiré l'artiste une seconde fois; les
Saules et deux *Sites limousins*, dont le dernier est heureux, avec sa ligne variée de
montagnes; nous en dirons autant de la *Journée d'été*; en revanche, il y a deux *Matinées*
qui nous paraissent avoir quelque chose de
trop sec. — Est-ce hasard ou tendance ? Nous
voyons que M. Auguin peint bien plus souvent l'*Automne*, saison où la nature se meurt,
que le *Printemps* où elle se ranime; le *Soir*,
heure où elle s'endort, que le *Matin* où elle

se réveille. Si c'est son goût, qu'il s'y tienne et ne fasse pas violence à sa nature ; dans le cas contraire, nous le lui conseillons de nouveau : qu'il nous montre mieux la vie circulant, au moment voulu, dans la grande œuvre de la création.

Dans les 64 numéros que compte l'exposition de M. Auguin, il y a encore de jolis petits tableaux, des études qui mériteraient d'être signalés, comme la *Rivière*, le *Crépuscule sur la Charente*, le *Crépuscule sur la mer* ; mais ils rentrent dans les catégories que nous avons décrites et n'apprendraient rien de plus sur le talent de l'artiste que nous voudrions, pour notre faible part, faire estimer autant qu'il le mérite : pour cela, nous souhaitons que notre appréciation ait autant de justesse qu'elle a de sincérité.

M. Courbet.

Nous ne voulons pas, à propos de M. Courbet, reprendre la bruyante question du réalisme et de l'idéalisme; nous pensons qu'il y a eu des deux côtés beaucoup d'exagérations et de malentendus. Comme il y a environ trente ans, lors de la fameuse querelle des classiques et des romantiques, on finira par s'entendre, en se faisant des concessions mutuelles; puis, l'art et le progrès recueilleront, comme toujours, les bénéfices du débat. — Quant à nous, aussi éloigné d'un réalisme brutal que d'un idéalisme académique ou fantaisiste, nous croyons que la manière de voir de M. Courbet, appliquée au paysage, n'est pas sans valeur. Depuis un demi-siècle que cette étude a repris plus de faveur, par quelles modes capricieuses et bizarres ne l'ont pas fait passer les Bertin, les Michallon et autres maintenant oubliés? Aujourd'hui encore, quoique la nature soit vue et rendue avec plus de sincérité, et que de brillants progrès aient été réalisés dans ce genre de peinture, le faux et le conventionnel n'en sont pas complétement bannis. Parcourez nos grandes expositions, vous y trouverez cinq ou six *manières* différentes de voir, de dessiner et colorer le même arbre, le même ciel. Il semble pourtant que la nature, cette œuvre de Dieu, si variée et en même temps si immuable dans ses formes, devrait échapper plus que toute autre chose aux fantaisies de la mode. Or, ces idées d'imitation exacte, de reproduction fidèle, et surtout les exemples donnés par M. Courbet, peuvent exercer quelque influence heureuse et ramener les paysagistes à plus de naïveté. D'ailleurs, en prenant la nature pour modèle d'un paysage, on court moins le risque de tomber dans les excès du réalisme que dans les tableaux d'histoire ou de genre; il n'y a que l'homme qui soit vulgaire dans ses œuvres, Dieu ne l'est pas dans les siennes.

Une preuve de ce que nous avançons, c'est que M. Courbet, en s'attaquant au paysage, a fait taire les clameurs qu'avaient excitées ses œuvres dans un autre genre ; et il n'y a eu qu'une voix pour reconnaître, sauf quelques restrictions, la puissance de son talent comme peintre. Les nombreuses toiles qu'il nous offre ici font plus que confirmer cette unanime adhésion.

Voici d'abord son œuvre capitale, la plus grande toile de l'exposition : la *Gardeuse de Moutons*. Au milieu du tableau, sur le devant, un superbe bouquet d'ormes, dominant d'autres arbres à droite, à gauche et en perspective, attire de suite l'attention; autour s'étend un terrain mêlé d'herbes et d'écorchures raboteuses, où paissent une dizaine de moutons que garde une femme|debout'filant au fuseau. Il y a là une vérité d'imitation, une vigueur de tons et une solidité de peinture étonnantes. L'air et l'espace ne manquent pas ; le temps est calme, le ciel gris, sans être sombre,|et à voir la fraîcheur de la verdure, on est en été ou même au printemps. Il semble donc |que malgré une légère éclaircie qui laisse quelques rayons venir effleurer à droite la cime des arbres, la lumière|n'agit pas ici dans la complète mesure de ses forces. C'est un reproche qu'on peut faire à plus d'une des toiles de M. Courbet. Se laisse-t-il tromper par la lumière de l'atelier? ou bien cet élément a-t-il quelque chose de trop éthéré pour sa main puissante? Nous ne croyons ni l'un ni l'autre : il connaît tous les secrets du métier; réaliste, il sait que la lumière est aussi une réalité; il a d'ailleurs devant lui le bel exemple de M. Auguin : il fera donc taire ce reproche, quand il s'en donnera la peine. Nous n'en voulons pour preuve que son *Intérieur de forêt;* ici la lumière pénètre, se brise, se joue avec toute la discrétion convenable dans la profondeur de cette forêt, parmi ces beaux arbres si magistralement rendus. En vérité, on sent, quand M. Courbet tient le pinceau, que sa main a la fermeté du chêne qui est devant lui. Malgré ses grandes qualités, nous aimons moins le tableau suivant : *Retour de chasse*; il a quelque chose de curieux qui étonne au premier coup d'œil ; mais cette teinte bistrée, produite par les feuilles mortes et par le soleil couchant, jetée uniformément sur toute la toile, nous paraît d'une vérité hasardée : c'est cherché peut-être.

Dans certains |paysages, nous n'attachons qu'une importance fort secondaire aux figures, bonshommes ou bonnes bêtes, qui ne sont là que comme mesure et point de comparaison. Aussi dirons-nous à peine que les deux chasseurs de celui-ci laissent quelque chose à désirer ; le paysan et son âne, qui trottent, l'un portant l'autre, dans la *Forêt*, ne paraissent pas dans la vraie perspective ; en revanche, la *Gardeuse* et ses *Moutons* sont mieux réussis. Les bêtes sont également bien dans les *Amours des cerfs*, toile déjà ancienne, et qui paraît avoir trois siècles, tant elle a poussé au noir. — C'est peut-être là un résultat de l'usage où est M. Courbet de mettre sur ses canevas une préparation colorée, afin d'obtenir plus de relief. La couleur du fond travaille avec le temps, communique sa teinte à la peinture et finit par la défigurer. C'est un procédé dangereux, dont ont souffert les œuvres de plusieurs anciens maîtres qui en usaient déjà. Au lieu d'y recourir, les peintres devraient préparer et employer de bonnes couleurs, comme faisaient les Flamands et les Vénitiens, dont les toiles ont encore toute leur fraîcheur : on dirait que les *Noces de Cana* sont sorties ce matin de l'atelier de Véronèse. — C'est fâcheux pour cette toile, une des meilleures de M. Courbet. Les arbres des derniers plans sont d'une grande vérité et bien en harmonie avec les premiers.

Nous signalerons encore parmi les plus grands et les meilleurs paysages trois toiles envoyées dernièrement : *Grande allée de la garenne de Bussac,* effet d'automne; *Rochers, Vallée de Fontcouverte; Vallée de la Charente,* vue prise de la garenne haute de Bussac.

Nous serions obligés de nous répéter, si nous voulions louer encore cette habileté de main; ce rare talent d'imitation qui fait songer aux Karel Dujardin, aux P. Potter. La *Vallée de Fontcouverte* surtout est d'une vérité frappante : ce pan de verdure à brins ras au premier plan, ces arbustes à feuilles jaunies qui sortent des crevasses du *Rocher* ou en couronnent le sommet, le rocher lui-même, font illusion. Dans le *Ruisseau à la Rochecourbon,* on en peut dire autant des prairies, des herbes, des arbres, qui trempent leurs pieds dans l'eau verdâtre où ils se mirent : on sent la fraîcheur, on voit dégoutter l'eau et circuler la sève. La lumière, qui se fait regretter dans quelques-uns des tableaux précédents, produit un effet du soir trop cru dans la *Halte des canotiers, garenne de Bussac*. Comme toujours, les arbres sont beaux et les personnages agréablement groupés ; ce tableau a de l'éclat dans son demi-jour.

Il faudrait encore citer, toujours dans les mêmes termes, un grand nombre de tableaux et d'études comme la *Promenade à âne*, la *Vallée de Sainte-Marie*, les *Bords de la Loue*, charmant petit tableau ; la *Maison et le noyer de maître Faure*, une *Marine*, heureux essai de l'artiste ; une *Forêt*, bel effet de neige, etc., etc.; mais ces sortes de descriptions sont inutiles aux visiteurs et n'apprennent pas grand' chose aux autres ; nous nous reprochons déjà d'avoir été trop long sur ce point, ici et plus haut. Nous aimons mieux, avant de résumer nos impressions sur l'œuvre de M. Courbet, montrer par un côté nouveau les ressources de son talent. Nous voulons parler de ses tableaux de fleurs : il y en a six.

Qui aurait cru qu'il y avait au bout de la rude main du peintre, des doigts assez légers pour obtenir tant de fini et de délicatesse? Nous ne parlons pas de la vivacité des couleurs, de la sève, de la fraîcheur, de la vérité : ce sont choses à lui faciles. Les trois grands premiers bouquets sont simplement et heureusement disposés; la *Femme* aux fleurs a des parties heureusement traitées, sa coiffure de tulle est un vrai *trompe-l'œil;* les *Pavots* sont aussi un chef-d'œuvre de vérité : le sens moral donné à ce petit bouquet, ainsi qu'à son pendant, les *Soucis,* se saisit difficilement. Nous aimerions mieux celui-ci, qui est plus naturel: dans ses bouquets, Saint-Jean, un maître du genre, laissait toujours voir un pétale toujours fané, une feuille de la tige désséchée, comme pour nous rappeler l'éphémère destinée de tout ce qui brille ici-bas. C'était là du réalisme, et du bon. Nous ne parlons pas des *Fleurs, clair de lune.* Est-ce une ébauche ou une idée singulière? Les fleurs, comme les oiseaux, ces fleurs animées, s'endorment à l'arrivée de la lune, et ne sont pas faites pour être vues sous ses pâles rayons auxquels elles ne doivent rien, mais à la lumière du soleil qui les colore.

Il y aussi de M. Courbet une étude de cheval, *Emilius,* demi-sang, dont la tête surtout est charmante; puis une *Baigneuse*; nous n'en dirons rien : il n'est pas heureux avec les baigneuses; un *Rêve,* gracieuse étude de femme, à mi-corps, avec des sourcils et de beaux yeux noirs où se lit la rêverie. C'est bien modelé et peint de même, par touches trop adoucies peut-être et qui ne sont pas dans les habitudes du peintre. La dentelle noire qui couvre les épaules fait illusion. Tout cet ensemble est du plus agréable effet. Disons,

pour finir, que M. Courbet manie aussi l'é-
bauchoir : il y a deux têtes de femme mode-
lées et moulées par lui. Dans la mieux réus-
sie, la tête, un peu trop petite, infléchie par le
sommeil, forme avec le cou et l'épaule une
ligne onduleuse qui n'est pas sans grâces.

Maintenant, quelle impression rapportons-
nous de cette revue attentive des œuvres de
M. Courbet? On l'a vu, nous avons loué à peu
près sans réserve son habileté d'exécution, et
c'était de toute justice : car, dans l'art de manier la pâte, d'appliquer les couleurs, d'imi-
ter avec fidélité, il peut défier toute compa-
raison. Cependant, la plupart de ses tableaux
ne nous causent pas toujours l'émotion que
nous aimerions à ressentir. C'est que si M.
Courbet y met toute sa main, il n'y met pas
toute son âme. Ce n'est pas à dire qu'il soit
insensible aux beautés de cette nature qu'il
nous représente, car alors il aurait tort de les
peindre ; plusieurs même de ses tableaux
touchent réellement, comme la *Gardeuse de
moutons*, par la solitude qui l'entoure, la *Forêt*, par sa profondeur ; mais encore une fois,
le peintre ne s'attache pas suffisamment à faire
passer dans nos âmes l'émotion que son modèle a dû causer dans la sienne.

Sans doute, on ne peut pas prêter capricieu-
sement à la nature inanimée les sentiments
de l'homme ; mais, sans la défigurer à force

de vouloir la mettre en harmonie avec nos dispositions morales, comme l'ont fait plusieurs paysagistes, tels que l'Anglais Turner, si recommandable du reste, l'artiste, dans les aspects divers qu'elle lui présente, doit saisir ceux qui répondent le mieux au sentiment qui domine en lui, et les reproduire avec toute la naïveté possible, c'est-à-dire en s'oubliant soi-même ; car dans les arts, comme dans l'éloquence et la poésie, le grand et l'unique secret, c'est d'abord de bien sentir son objet, puis ensuite de le produire au dehors, sans songer ni faire songer à soi-même, comme la bonne mère qui, s'oubliant pour son enfant, nous fait d'abord aimer le petit être par sympathie ; puis elle ensuite, par admiration. Chez M. Courbet, il n'en est pas toujours ainsi : on songe au peintre plutôt qu'à la peinture.

En le comparant plus haut à plusieurs vieux paysagistes, nous pensions à Ruysdael, qu'il égale pour l'habileté dans l'imitation. Mais d'où vient qu'il nous arrête moins que le peintre hollandais? C'est que son imitation paraît trop calculée, et que celle de l'autre est naïve : on voit que celui-ci a été égayé par ce rayon de soleil, par le murmure de cette eau, et sa toile nous le dit sans façon. Et Ruysdael a raison ; car dans toute espèce d'art, nous voulons que l'artiste, le poète, à travers son œuvre, nous montre une âme, ou la sienne ou une autre, dans laquelle nous puissions reconnaître l'âme de tous. Hors de là, il n'y a plus d'intérêt pour l'humanité.

De ces observations, que nous croyons inutile de développer plus longuement, il résulte que la chose à regretter dans l'œuvre de M. Courbet, c'est le sentiment. Mais de là à prétendre qu'il en soit privé lui-même, il y a loin : ici et autre part, il en a déjà laissé paraître quelques éclairs. Son tort est de ne lui pas donner une assez grande place dans ses œuvres ; peu importe d'ailleurs quelle en soit la nature, gaie ou triste, tendre ou ironique, etc. Un tableau, comme un livre, doit dire quelque chose à notre esprit ou à notre cœur. M. Courbet possède une très grande force d'expression ; il serait fâcheux qu'il ne la mît au service d'aucune pensée. La critique a des réparations à lui faire : officielle, longtemps elle l'a repoussé ; indépendante, elle lui a prodigué les injures bien plus que les conseils. C'était, si vous voulez, un sauvage qu'il eût fallu apprivoiser, on n'a su que l'effaroucher. Mais nous n'avons pas à nous faire redresseur de torts. D'ailleurs, M. Courbet n'a besoin d'être défendu par personne que par lui-même, en produisant des œuvres où il montrera que, s'il sait peindre, il sait encore penser et sentir.

M. Pradelles.

De même que la transition était naturelle de M. Carot à M. Auguin, elle n'est pas brusque de M. Courbet à M. Pradelles. Ce n'est point qu'entre eux les ressemblances soient nombreuses et frappantes : elles consistent chez M. Pradelles dans une adresse à manier la pâte, un savoir-faire, une facilité et un entrain d'exécution qui rappellent M. Courbet. Il n'a pas sa solidité, sa vigueur de tons, ni tous ses secrets; mais quelque chose de naturel, de franc et de prime-sautier, qui donne à ses toiles leur vraie originalité. Il peut beaucoup gagner en fréquentant M. Courbet; mais qu'il se garde de perdre sa forme simple et naïve en voulant suivre de trop près ce peintre. Sans les avoir vus à l'œuvre, nous croyons ne pas nous tromper en disant que celui-ci apporte beaucoup plus que celui-là de calcul et d'étude dans l'exécution de ses tableaux. Nous sommes loin d'en blâmer M. Pradelles; seulement, il nous semble que tout en profitant de ce voisinage, il fera bien de s'en tenir à sa manière propre, qui nous paraît bonne à conserver.

Il y a chez M. Pradelles du travail et de la fécondité : son exposition est nombreuse et variée de formes et de sujets ; car, outre les peintures à l'huile, il y a de lui des aquarelles et des fusains ; puis, outre les paysages, des tableaux de genre qui sont la partie la plus importante de son œuvre. Nous allons les passer en revue.

Le peintre a été soldat ; il a fait pendant quelque temps la campagne de Crimée, et il en a rapporté des souvenirs qui ont servi de motifs à la plupart de ses petites toiles. Quelque puissante que soit l'imagination, elle ne peut se passer du spectacle des choses ; car rarement elle reste dans la réalité : ou elle ne l'atteint pas, ou elle la dépasse. Historiens, poètes, peintres, etc., doivent avoir été mêlés aux affaires, avoir vu de près les choses, s'ils veulent en parler, les décrire et les peindre avec fidélité. C'est la pensée qui nous revenait en présence de ces tableaux, où l'artiste nous montre si bien le sombre aspect du ciel et du camp, les travaux et la physionomie du soldat. On reconnaît qu'il a bien vu, a été vivement frappé, et il nous reproduit ses impressions avec une sincérité et une franchise des plus remarquables : c'est la nature prise sur le fait.

Il a parfaitement saisi et rendu ce type nouveau du soldat français, si différent de ce qu'il était il y a un demi-siècle. Voici d'abord le zouave, qui a remplacé le grenadier d'autrefoîs : *Garde à vous!* Ce clairon qui sonne l'alerte est bien campé, tenant son instrument d'une main et son fusil incliné de l'autre ; son camarade à ses pieds ; derrière, le ciel sombre, rougi à l'horizon par le soleil couchant, sont du meilleur effet. *Zouave allumant sa pipe* : celui-ci est au repos devant le feu du bivouac, qui est bien un peu trop petit pour l'homme ; mais l'aspect du sol et du ciel qui l'entourent est frappant. *Corvée de bois, Corvée d'eau*, deux pendants, où nous voyons les travaux des camps : rien de naïf comme ces deux camarades qui dans chaque toile bèchent la terre pour en arracher quelques souches de bois ou puisent l'eau dans le courant sans regarder ce qui se passe autour d'eux. *Effet de pluie* ; *Souvenir de Crimée*, autre *Souvenir* : ils sont là en marche, les uns par la pluie, les autres par le beau temps, d'autres par la neige, mais tous avec le même calme.

Factionnaire, coucher de soleil, Crimée. Cette toile est une des plus remarquables : Cet homme aux épaules un peu voûtées sous son fusil en bandoulière, avec ses mains dans ses goussets, sa pipe allumée et son regard plongeant dans la campagne comprend bien son devoir : on voit que ceux qui l'ont mis là peuvent compter sur sa vigilance ; le soleil à l'horizon répand sur la toile une teinte calme bien en harmonie avec la pose du soldat. Une autre *Sentinelle* debout dans la neige et battue par la pluie n'est guère moins remarquable.

Nous devrions encore citer des *Bivouacs*, l'*Appel*, l'*Embuscade*, recommandables à des titres divers, mais surtout par cet air simple et franc qui est le caractère de toutes les compositions de l'artiste en ce genre.

Outre ces scènes de la vie militaire, M. Pradelles a rapporté des sujets purement orientaux, comme son *Café turc*, une de ses meilleures, sinon sa meilleure toile, peinte avec ce ton chaud et cette couleur sous laquelle les Marilhat, les Decamps et autres peintres *orientalistes* nous ont habitués à voir ces pays du soleil; les personnages gravement assis, comme de vrais Turcs qu'ils sont, fumant leurs tchiboucs ou leurs narghilés, sont des mieux disposés. Un autre *Café turc*, fusain, est d'un dessin heureux; le dessin est réussi également dans l'*Odalisque*, dont la pose facile, les riches couleurs des vêtements bien en harmonie, forment l'effet le plus gracieux.

Enfin, il a des tableaux de genre dont le sujet est pris au milieu de nous, et qui se distinguent par la naïveté et la grâce, comme la *Lavandière*, moins occupée à laver son linge qu'à regarder le passant, sans doute parce qu'elle sait qu'elle est jolie, et elle a raison; la petite qui prend la *Leçon de dessin* n'est guère à son ouvrage non plus. L'*Aveugle* conduit par sa fille qui joue de la guitare, forme un contraste agréable avec elle. L'*Ouragan* et la *Femme à la fontaine*, pendants dont les sujets ne sont pas neufs ; mais l'artiste leur a donné son cachet, qui est la grâce et la facilité ; les attitudes et les figures des femmes, des enfants, ont surtout ce caractère. Rien de joli et de naïf comme ce *Petit décrotteur*, debout, pieds nus, les mains dans ses poches, et regardant d'un air doux : donnez-lui un sou, il sera heureux et se mettra à danser. La *Glaneuse* est un des meilleurs tableaux de l'artiste en ce genre, malgré quelques défectuosités dans le dessin et dans le ciel : il y a là deux femmes agréablement peintes comme les autres ; il faut le reconnaître, M. Pradelles a dans la tête un type de femme fort joli, dont il est sans doute épris, car il le donne à toutes ; tous ses visages se ressemblent un peu : le nez de l'odalisque est le même que celui de la mendiante. « Diversité, c'est ma devise, » disait Lafontaine ; on peut en mettre dans les nez, sans être aussi mauvais sujet que lui.

M. Pradelles, qui depuis peu, dit-on, touche au paysage, y réussit déjà d'une façon remarquable : c'est là qu'on retrouve en lui la manière large de M. Courbet. *L'Echo interrogé, clair de lune*, est une de ses meilleures toiles en ce genre : la lumière discrète versée par la lune dans l'espace, sur les bois, sur la barque et ceux qui la montent est heureusement étudiée et rendue. Le *Bois de Lagord*, grande étude, ne le cède guère à la toile précédente par la largeur de l'exécution, non plus que son *Paysage de Saintonge*, par le bien rendu des arbres, du sol et du ciel. Il a aussi un grand nombre d'autres toiles achevées ou à l'état de simples études, qui font juger que dans ce genre il ne réussira pas moins que dans celui auquel il s'est primitivement appliqué. N'oublions pas ses paysages-aquarelles, fort nettement exécutés.

En étudiant M. Pradelles, nous n'avons parlé que de l'artiste, qui se recommande fort, avons-nous dit, par l'heureux jet de l'inspiration première, à tel point que toutes les poses sont vraies, que pas une n'est étudiée. Il n'a rien de mieux à faire qu'à continuer. Quant au peintre, au dessinateur, il lui reste quelque chose à acquérir. Il y a chez lui une facilité, une *furia* qu'il faut également conserver, mais en la réglant. Il doit chercher plus de correction, de netteté de lignes, se garder de gâcher ses couleurs et de tomber dans la *pochade* et le *ragoût*. Les petits tableaux de genres, où il réussit comme nous l'avons vu, veulent être regardés de près, et par conséquent exigent que toutes les parties, même les extrémités, soient bien soignées. Avec des exercices de crayon, l'étude sur nature et celle des maîtres, il arrivera bientôt à gagner ce qui lui manque de ce côté, et il pourra tenir ce qu'il promet, c'est-à-dire être à la fois un peintre et un artiste.

Aux œuvres des quatre artistes promoteurs de l'Exposition sont venues se joindre quelques toiles : deux *Marines* de M. Bourgeois, un de leurs élèves ; des portraits, de M. L. Sotta, et des études remarquables par la pureté du dessin, entre autres une excellente tête de saint Dominique ; des portraits et des études de M. P. Sotta ; un charmant paysage, la *Fenaison*. de M. Français ; trois paysages de M. Paul Gourlier, et trois aussi de M. Jules Héreau ; enfin cinq vases de *Fleurs* délicatement peints de M. Fantin.

Telle est cette exposition, due à la présence momentanée de M. Courbet à Saintes, et à l'initiative des autres artistes, ses amis. On doit les en remercier, ainsi que les amateurs qui ont bien voulu mettre leurs tableaux à leur disposition pour cette circonstance. Il faut citer parmi eux M. Baudry, et surtout M. Gaudin, possesseur d'une galerie composée avec un excellent goût, à en juger par les œuvres remarquables qu'il a prêtées à l'exposition. Maintenant il est à craindre que cette bonne idée ne soit pas continuée. Ce sera un vif regret chez les personnes qui ne sont pas indifférentes aux efforts et aux succès des jeunes artistes, aux jouissances des arts, à leur diffusion, à leur heureuse influence sur toutes les classes de la Société ; car tout concourt à l'éducation des peuples, tout se tient dans l'œuvre de la civilisation. Cependant Saintes a déjà quelque importance ; le chemin de fer va lui donner une certaine animation et faciliter les rapports. Les amateurs de la ville et ceux des voisinages ne pourraient-ils s'entendre pour former une Société? Des expositions organisées par elle, au moins tous les deux ou trois ans vers la Saint-Eutrope, seraient fort bien venues. Déjà des villes de second et de troisième ordre entrent dans cette voie ; les plus petites ont des théâtres, des associations misicales; pourquoi les arts du dessin n'auraient-ils pas aussi leur part dans cette vulgarisation? C'est une *décentralisation* bien légitime, dont toute la France profiterait ; et Paris lui-même, qui restera toujours le centre lumineux où tout converge, y gagnerait, en recevant dans son foyer des talents déjà éprouvés, auxquels il n'aurait plus qu'à donner la consécration définitive de sa science et de son bon goût.

Dans ce but, la critique, en province, ne devrait pas rester indifférente, ni attendre, pour parler d'un artiste, que Paris-le lui eût révélé. Elle ne manque ni de savoir, ni de tact, mais de résolution ; elle n'ose pas assez. Avant de se prononcer, elle semble épier le mot d'ordre arrivé de la capitale. Il est bon, sans doute, d'écouter ce qu'on dit là-bas ; mais il est mieux encore de ne pas toujours accepter comme parole d'Evangile tout ce qui en vient. Quelles idées fausses et incomplètes, par exemple, n'aurait-on pas souvent des œuvres de la littérature et des arts, si l'on s'en rapportait à la critique superficielle de certains organes de la presse quotidienne ?

Pendant l'Exposition de Londres, les grands journaux de Paris y avaient envoyé des représentants pour en rendre compte à leurs lecteurs. Il nous tombait quelquefois sous la main de ces comptes-rendus, et nous pouvions comparer ce que nous voyions là-bas avec ce qu'on en disait ici. Quel misérable parlage ! C'était à en rougir pour son pays. Voici quelques-unes seulement des niaiseries et des bévues d'un article sur la sculpture. Je ne dirai pas la légèreté avec laquelle l'auteur apprécie plusieurs statues, comme celle de Wilberforce, par exemple, modèle en plâtre du monument élevé dans l'abbaye de Wesminster, chose dont il ne paraît pas se douter, ni l'inconvenance avec laquelle il parle du grand philanthrope lui-même, dont la bonté revit dans son image : voici qui vaut mieux. Il aperçoit un buste en marbre au bas duquel il lit : *The late sir Robert Peel;* et comme il sait l'anglais, il nous dit *late* signifie *dernier*, donc c'est le dernier Robert Peel, le fils ; d'ailleurs il l'a vu l'été dernier à Baden; c'est bien là la figure, le grand air du jeune *gentleman*. Le fait est que ce marbre, appartenant à la reine Victoria, représente le père, feu (*the late*) sir Robert Peel, le grand ministre, et que le sculpteur Chantrey, mort il y a plus de vingt ans, n'a pas pu faire poser devant lui le jeune gentleman pour en tirer les traits d'un homme mûr.

Plus loin, notre critique passe devant une charmante petite statue de Romanelli, représentant *Franklin enfant*, et ici il se donne la peine de nous apprendre que Franklin inventa le paratonnerre, fut chargé de représenter à la cour de Versailles la confédération naissante des Etats-Unis, etc. ; mais il ne peut deviner quel objet l'enfant tient à la main (c'est un sifflet, et non un paratonnerre) ; puis il gourmande l'artiste sur l'air maussade qu'il a donné à la figure. Avant de le critiquer ainsi, il faudrait connaître au moins aussi bien que lui le sujet qu'il a traité. Il est tiré de la jolie historiette que l'enfant de Boston, devenu plus tard le sage de Philadelphie, raconte sur lui-même. — Un jour qu'on avait rempli ses poches de gros sous, il les donna tous pour avoir le sifflet d'un autre petit garçon, puis il revint à la maison, où il étourdissait la famille en sifflant deçà delà. Mais bientôt, frères, sœurs et cousins ayant connu le prix exagéré du jouet, se moquèrent de lui. Alors il devint triste, et n'eut que du chagrin où il croyait trouver du plaisir. (C'est le moment saisi par l'artiste). Plus tard, étant entré dans la vie, il n'oublia pas cette mésaventure de son enfance et se garda bien de jamais acheter trop cher un sifflet. Quand il voyait un courtisan sacrifier à la faveur son repos et sa liberté, il se disait : « Cet homme paie trop cher son sifflet. » S'il apprenait qu'un avare renonçât à toutes les douceurs et à tous les devoirs de la vie pour amasser des richesses, il se disait encore : « Celui-là, en vérité, paie trop cher son sifflet, etc., etc. » Hélas ! ajouterons-nous, les journaux à qui l'on envoie de telles études critiques, les abonnés qui les lisent et les artistes qui les subissent « paient trop cher leur sifflet. »

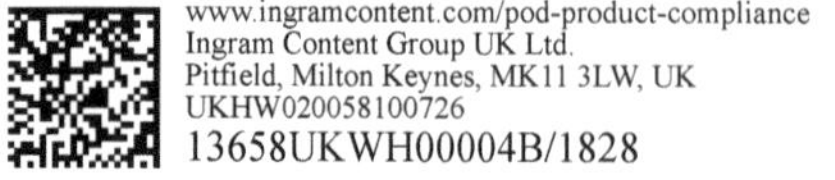